Anni Kolvenbach

STERNE und PLANETEN

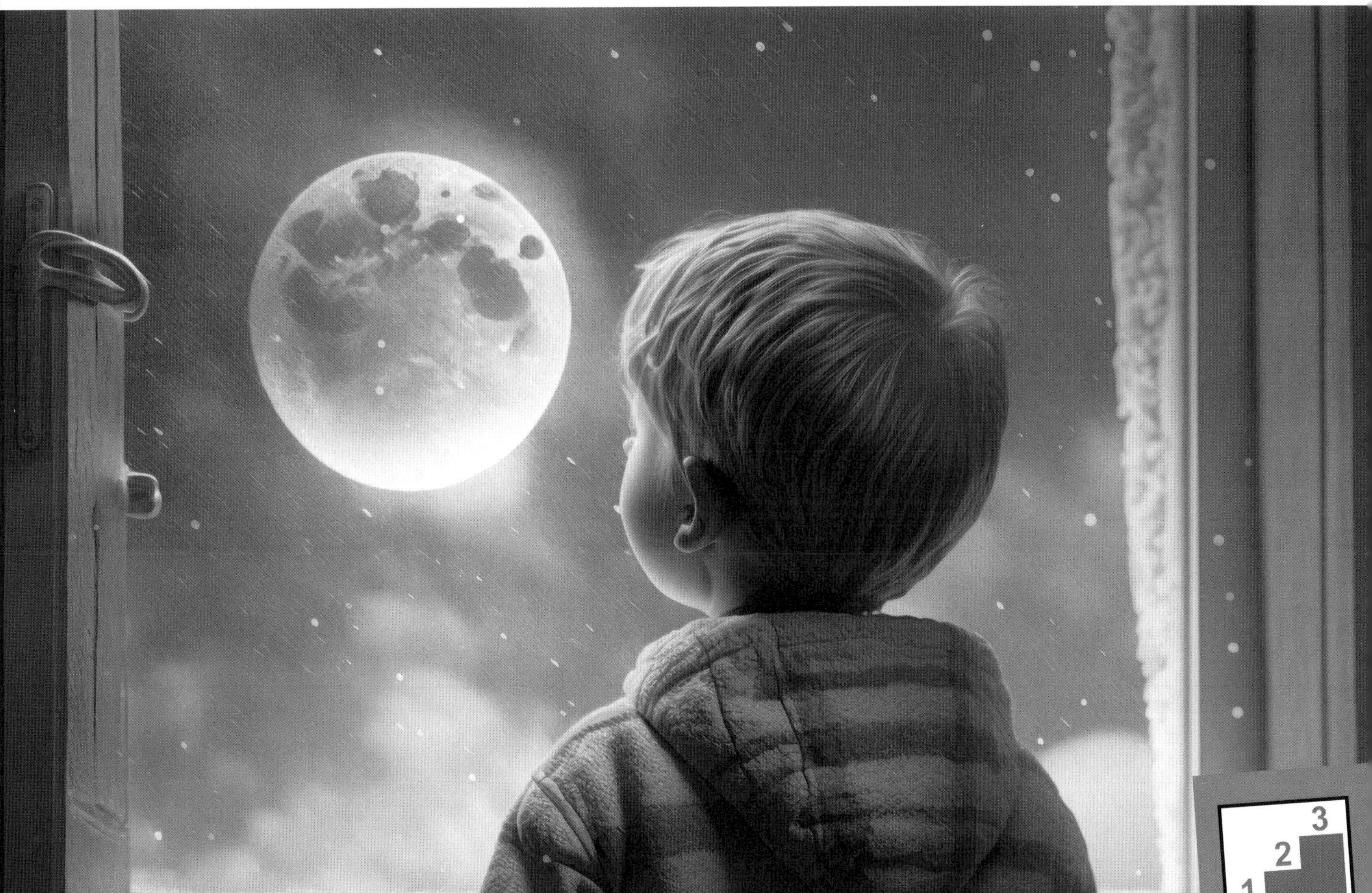

3
2
1

Physik

www.kohlverlag.de

Sterne und Planeten

... aus der Reihe: Inklusion KONKRET

1. Auflage 2023

Inhalt: Anni Kolvenbach
Coverbild: © valentyn640 – AdobeStock.com
Redaktion: Kohl-Verlag
Grafik & Satz: Kohl-Verlag
Druck: Druckhaus Flock, Köln

Bestell-Nr. 13 015

ISBN: 978-3-98841-025-2

Bildquellen – © AdobeStock.com:
S. 4: LAYHONG; **S. 5, 6, 7, 8:** Dottedyeti; **S. 9,10,11:** Destina, ordus; **S. 12, 13, 14:** alexlmx; **S. 15, 16, 17:** Mattheiu, Oleksandra; **S. 18, 19, 20:** Elena Schweitzer, Marvin; **S. 21, 22, 23:** malosdedos; **S. 24, 25, 26:** pixelunikat, storybird; **S. 27, 28, 29:** vvalentine, Anusorn, Vadimsodovski; **S. 30, 31, 32:** Sakrapee Nopparat, alexlmx

Inhalt

Lösung Seite 13:

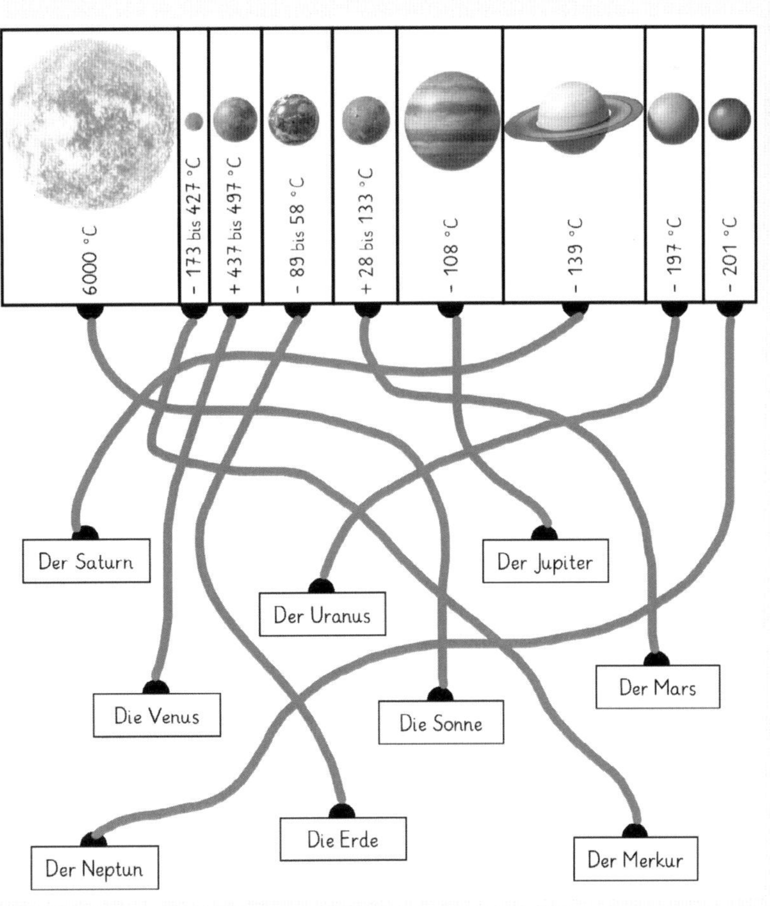

STERNE UND PLANETEN
... aus der Reihe: Inklusion KONKRET – Bestell-Nr. 13 015
KOHL VERLAG

Vorwort

Liebe Kolleginnen und Kollegen,

das Feld „Inklusion" rückt immer mehr in den Bereich der Regelschulen und gerade in den naturwissenschaftlichen Fächern ist das Material rar. Das hat mich ermutigt, mein über Jahre gesammeltes Material neu zu sortieren und zu veröffentlichen.

DAS Kind mit einer Lernbehinderung gibt es nicht; der Grad der Lerneinschränkung ist so unterschiedlich, wie die Kinder selbst.

Nur, welche Anforderungen müssen die Kinder an einer Regelschule leisten? Wie hoch darf ich meinen Anspruch „schrauben"? Wie weit muss ich mit meinen Erwartungen runter gehen? Diese Fragen stellt man sich meist, wenn man ein Kind mit einer Lerneinschränkung nun in einem Klassenverband der Regelschule sitzen hat.
Die Antwort ist eigentlich recht einfach: Die zu bietenden Leistungen des Kindes sind der Anspruch der Lehrer*in. Viel zentraler ist, dass die Kinder dabei sind, dass das Thema das Gleiche ist.

<u>Dazu ein kurzes Beispiel</u>: Die Klasse liest im Physikbuch etwas zum Thema „Der Mars". Die SuS bearbeiten die Aufgaben und übertragen ggf. Abbildungen in ihr Heft. Schon beim Lesen beginnt oft die Hürde für ein Kind mit einer Lernbehinderung. Einige können „vorlesen" und erfassen den inhaltlichen Sinn nicht, andere könnten den Inhalt erfassen, wenn der Text etwas einfacher und kürzer wäre. Aber was das Wesentliche ist: Alle Kinder beschäftigen sich mit dem gleichen Thema, nur jedes auf eine andere Art und Weise.

Da Sie die Kinder mit einer Lerneinschränkung am besten beurteilen können, haben wir jedes Thema in drei Niveaustufen aufbereitet. Die Ampel signalisiert die Niveaustufen von 1 (ganz grundlegendes Niveau) bis 3 (inhaltlich selbst erfassendes Niveau).

1
2
3

Und nun wünschen wir Ihnen viel Erfolg beim Einsatz unserer Kopiervorlagen- und Ideensammlung.

Der Kohl-Verlag und

Anni Kolvenbach

Name: ____________________

Klasse: ____________________

Unsere Planeten

Aufgabe: Schreibe die Namen der Planeten auf.

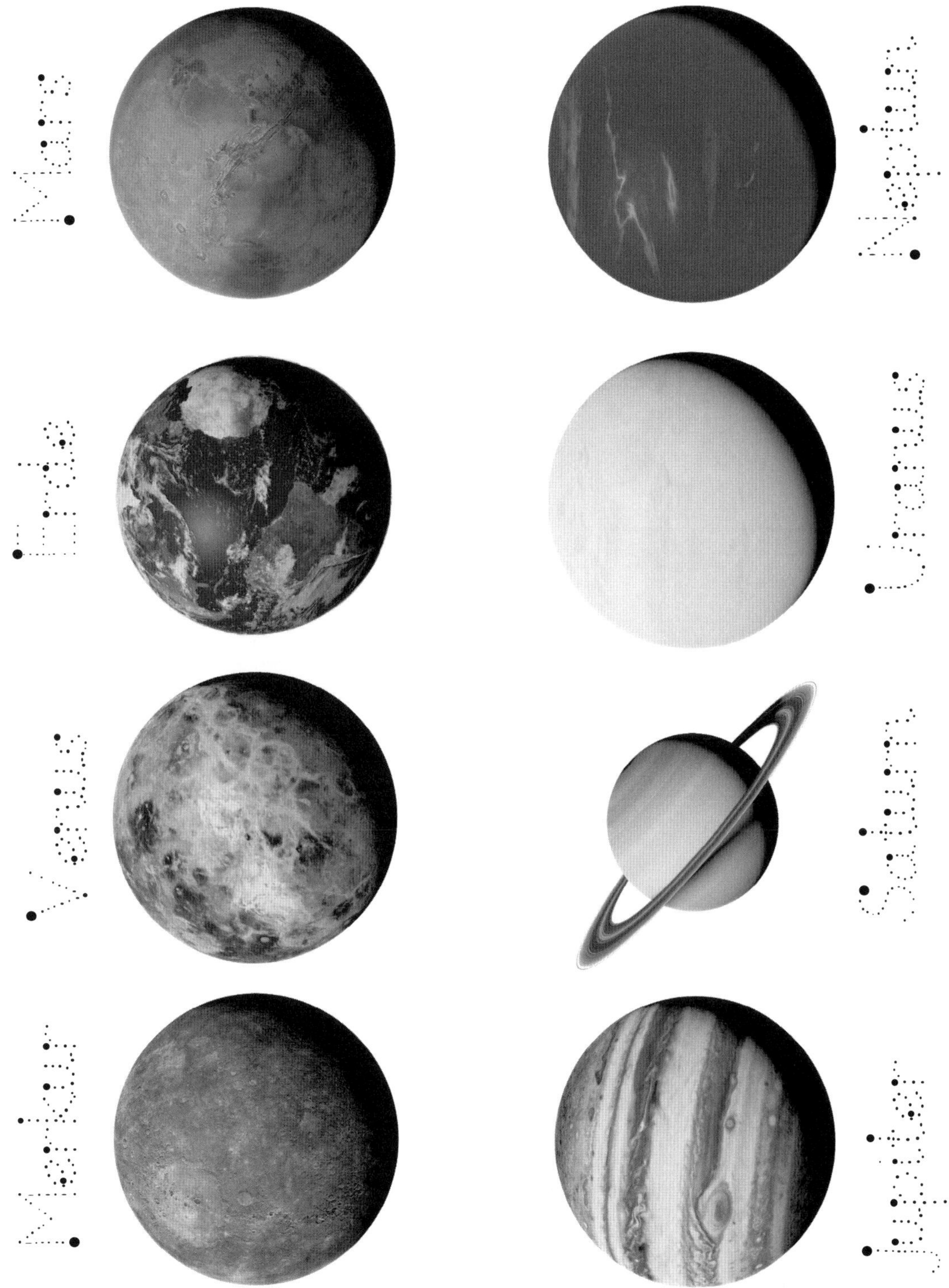

STERNE UND PLANETEN
... aus der Reihe: Inklusion KONKRET – Bestell-Nr. 13 015
KOHL VERLAG

Name:

Klasse:

Unsere Planeten

Aufgabe: Lies und verbinde.

Der Merkur	Die Venus	Die Erde	Der Mars

Auf der Erde kann man leben und sie sieht aus dem Weltraum blau aus.	Der Mars ist von rotem Staub bedeckt. Es ist ein Gesteinsplanet.	Der Merkur ist der kleinste und schnellste Planet.	Die Venus leuchtet sehr hell. Darum nennt man sie auch Abendstern. Die Römer gaben ihr den Namen.
Der Saturn hat Ringe, die aus Eis, Felsbrocken und Staub sind.	Der Uranus dreht sich so wenig, dass es 42 Jahre lang auf einer Seite nur Tag ist.	Der Neptun ist der kälteste Planet.	Der Jupiter ist der größte Planet. Er hat Ringe aus Eis und Gestein.

Der Jupiter	Der Saturn	Der Uranus	Der Neptun

KOHL VERLAG STERNE UND PLANETEN ... aus der Reihe: Inklusion KONKRET – Bestell-Nr. 13 015

Name: ______________________________

Klasse: ______________________________

Unsere Planeten

Aufgabe: Lies den Text und fülle die Lücken aus.

Der Merkur ist der ______________ Planet. Er ist nah an der ______________. Merkur hieß auch der Bote der Götter im alten __________. So schnell ist der Merkur auch. Er ist der ______________ Planet.

schnellste – Rom – kleinste – Sonne

Die Venus leuchtet am ______________. Darum nennt man sie auch ______________. Die Römer gaben ihr den Namen. So hieß auch ihre Göttin der ______________.

Schönheit – hellsten – Abendstern

Auf der Erde ist ______________ möglich. Man nennt die Erde auch den blauen ______________. Aus dem Weltraum sieht die Erde __________ aus. Das kommt daher, dass wir viel ______________ auf der Erde haben.

Wasser – Planet – blau – Leben

Der Mars heißt auch der ______________ Planet. Seine Oberfläche besteht aus rotem ______________.
Er ist ein ______________.

Gesteinsplanet – rote – Staub

STERNE UND PLANETEN
... aus der Reihe: Inklusion KONKRET – Bestell-Nr. 13 015
KOHL VERLAG

Name: ______________________________

Klasse: ______________________________

Unsere Planeten

Aufgabe: Lies den Text und fülle die Lücken aus.

Der Jupiter ist der ______________ Planet. Seinen Namen haben ihm die ______________ gegeben. Jupiter hieß auch ihr höchster __________. Dünne ______________ umkreisen den Jupiter. Sie bestehen aus __________ und Gesteinsteilen.

Eis - Gott - größte - Ringe - Römer

Der Saturn ist ein ______________________________. Es fällt besonders der große ______________ auf, der ihn umkreist. Dieser Ring besteht aus Eis, ________________________ und Staub.

Felsbrocken - Riesenplanet - Ring

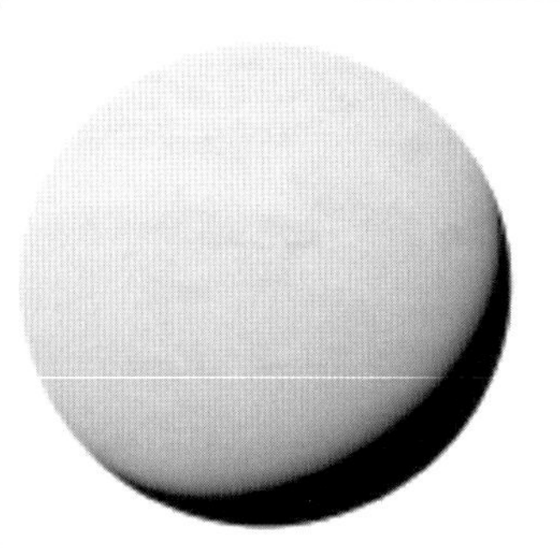

Der Uranus wird auch ______________________ genannt. Er dreht sich so langsam, dass es auf einer Seite 42 ______________ lang Tag und auf der anderen Seite 42 Jahre lang ________________ ist.

Jahre - Eisriese - Nacht

Der Neptun ist der ____________________ Planet. Der Name Neptun stammt von den __________________. So heißt ihr Gott des ______________.

Meeres - kälteste - Römern

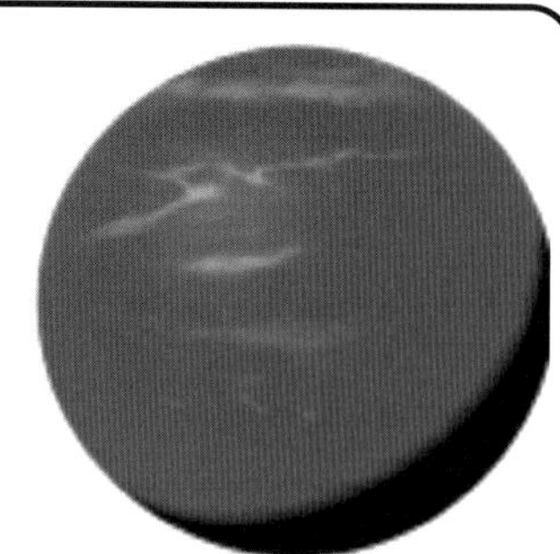

Name: ____________________________________

Klasse: ____________________________________

Die Erde von innen

Aufgabe: Erzähle was du auf dem Bild siehst.

Erzählhilfen:
- Es ist die Erde zu sehen.
- Man sieht, dass die Erde auseinander genommen wurde.
- Man kann in das Innere der Erde hineinsehen.
- Es sind mehrere Kugeln zu sehen.
- Die ersten zwei Kugeln wirken sehr hart.
- Die Innerste Kugel Leuchtet sehr hell.

STERNE UND PLANETEN
... aus der Reihe: Inklusion KONKRET – Bestell-Nr. 13 015

Name: ______________________________

Klasse: ______________________________

②

Die Erde von innen

Aufgabe: Schneide aus, ordne zu und klebe auf.

✂ Auf dem Äußeren der Erde leben wir.

✂ Der Kern liegt im Inneren. Er ist sehr heiß.

✂ Die dritte Kruste ist heiß. Sie glüht.

✂ Die zweite Kruste besteht aus Gestein.

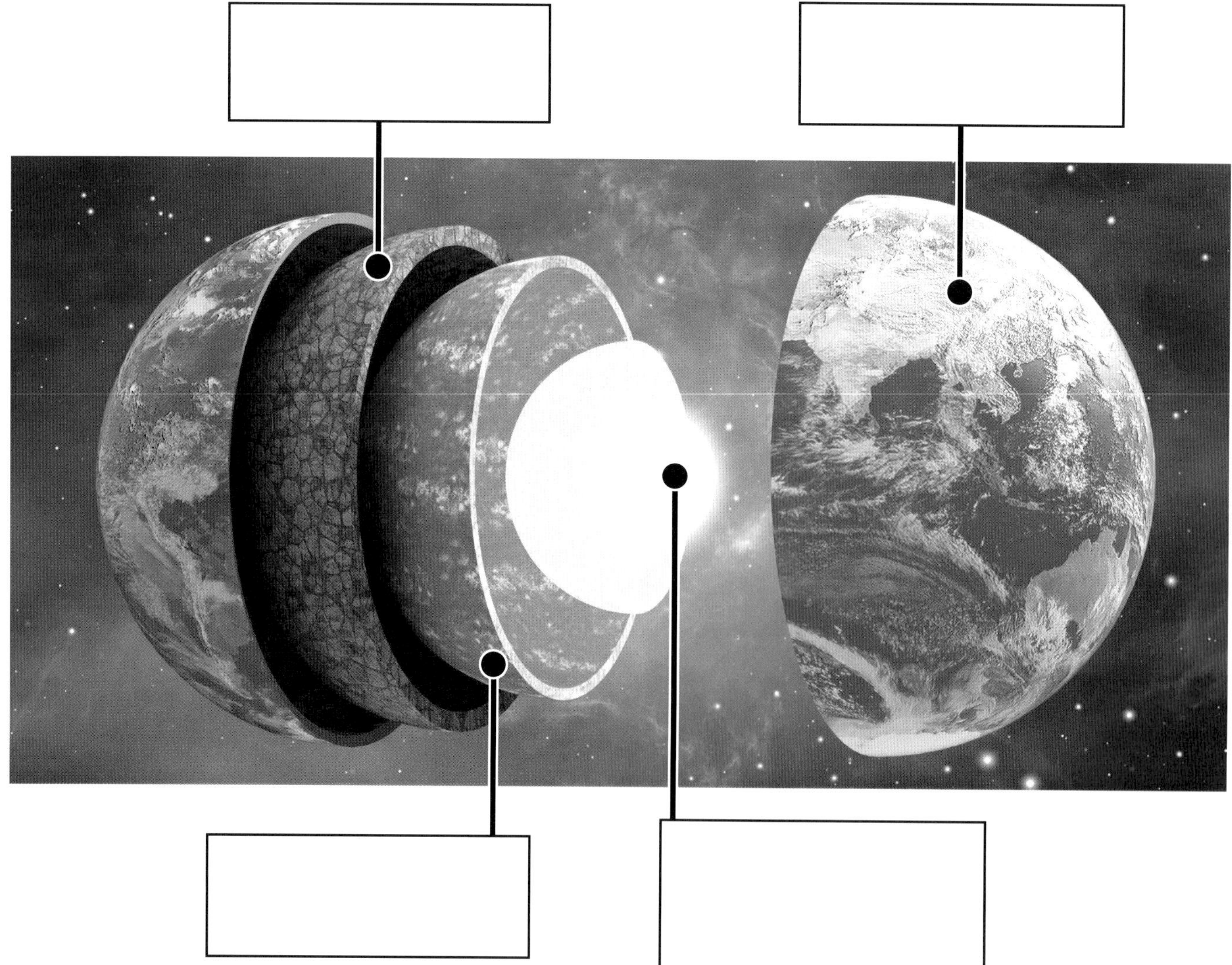

STERNE UND PLANETEN
... aus der Reihe: Inklusion KONKRET – Bestell-Nr. 13 015
KOHL VERLAG

Name: ______________________________

Klasse: ______________________________

Die Erde und die Planeten von innen

Aufgabe: Lies den Text und fülle die Lücken aus.

Die Planeten Mars, Venus, Erde und Merkur bestehen aus **Gesteinen** auf der Oberfläche. Darum nennt man sie **Gesteinsplaneten**.

Die anderen Planeten bestehen überwiegend aus **Gas** an der Oberfläche. Darum nennt man sie auch **Gasplaneten**. Das Gas kann man nicht sehen. Da das

Gas sehr kalt ist, sind diese Planeten an der Oberfläche – 200 °C und noch kälter.

Ein Planet besteht immer aus einer **Kruste**, einem **Mantel** und einem **Kern**.

Planeten, die aus Gesteinen bestehen nennt man ______________________. Andere Planeten bestehen aus Gas. Darum nennt man sie ______________________. Gas kann man nicht ______________. Es ist sehr ______________.

kalt – Gasplaneten – sehen – Gesteinsplaneten

STERNE UND PLANETEN
... aus der Reihe: Inklusion KONKRET – Bestell-Nr. 13 015
KOHL VERLAG

Name: ______________________

Klasse: ______________________

Wie heiß sind unsere Planeten?

Aufgabe: Höre gut zu, was man dir erzählt (Erzählanlass). Umkreise den heißesten Planeten rot, den mittelwarmen Planeten orange und den kältesten Planeten blau. Schneide entlang der gestrichelten Linie aus und klebe es in dein Heft.

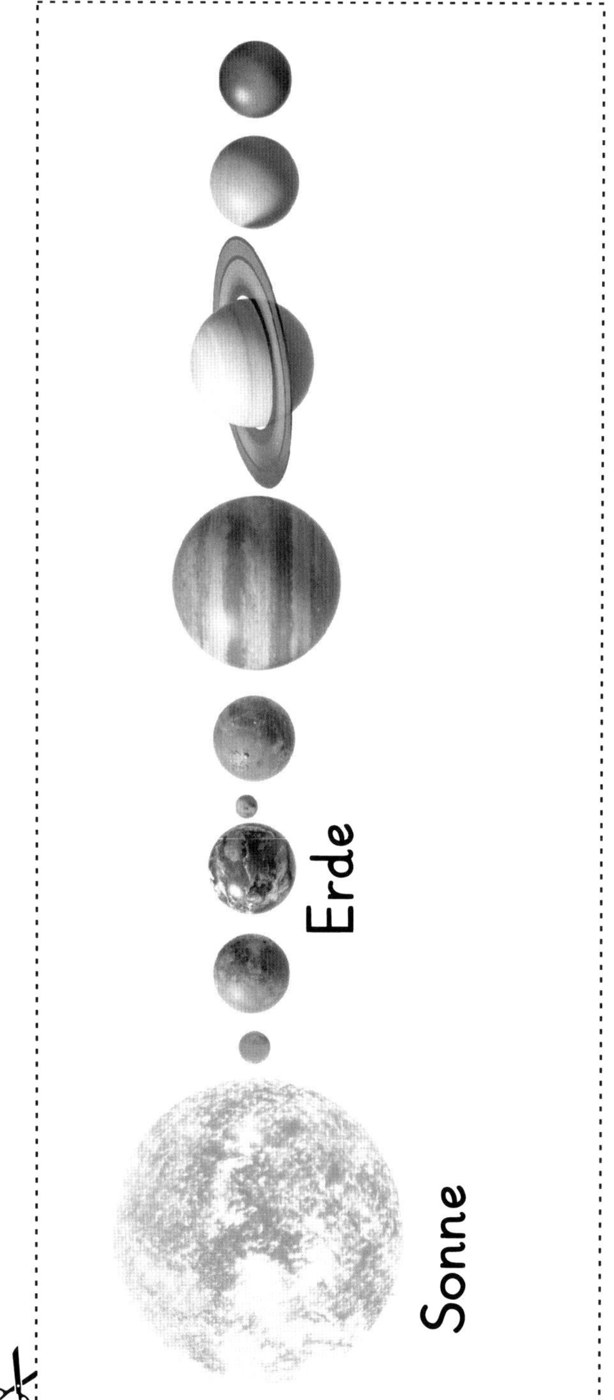

Erzählanlass:

- Je näher ein Planet an der Sonne liegt, desto heißer ist er.
- Auch wie das Sonnenlicht auf den Planeten fällt, ist entscheidend.
- Weil es auf vielen anderen Planeten zu heiß oder zu kalt ist, ist dort das Leben nicht möglich.
- Die Planeten bestehen aus verschiedenen Stoffen, die auch für die Temperatur verantwortlich sind.

STERNE UND PLANETEN
... aus der Reihe: Inklusion KONKRET – Bestell-Nr. 13 015
KOHL VERLAG

Name: ________________________________

Klasse: ________________________________

Wie heiß sind unsere Planeten?

Aufgabe: Lies und verbinde.

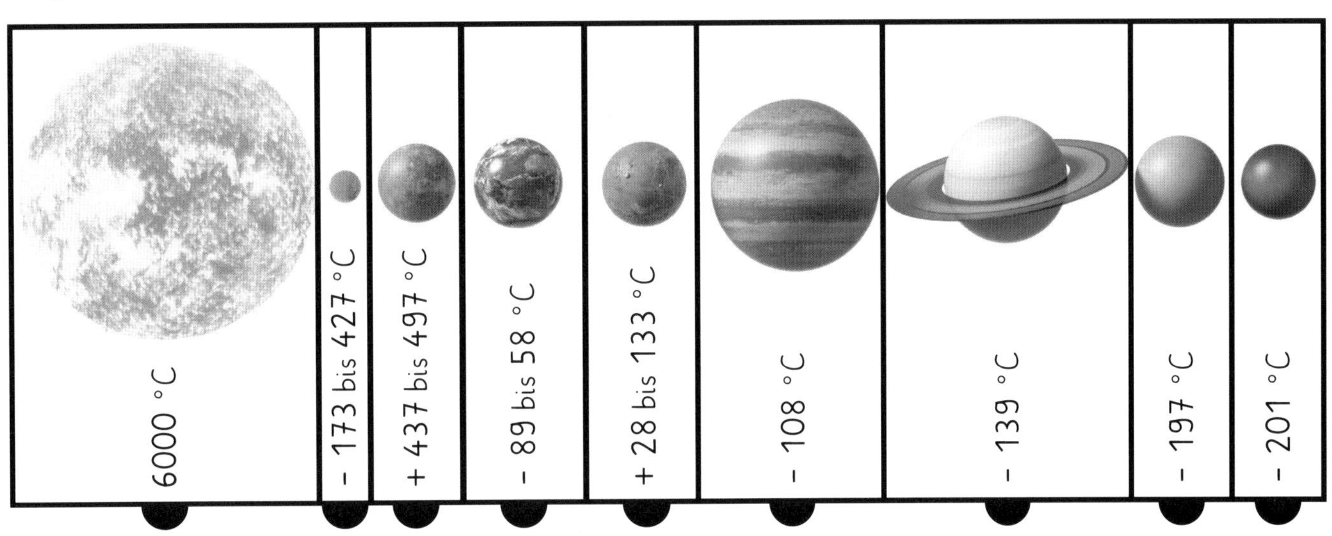

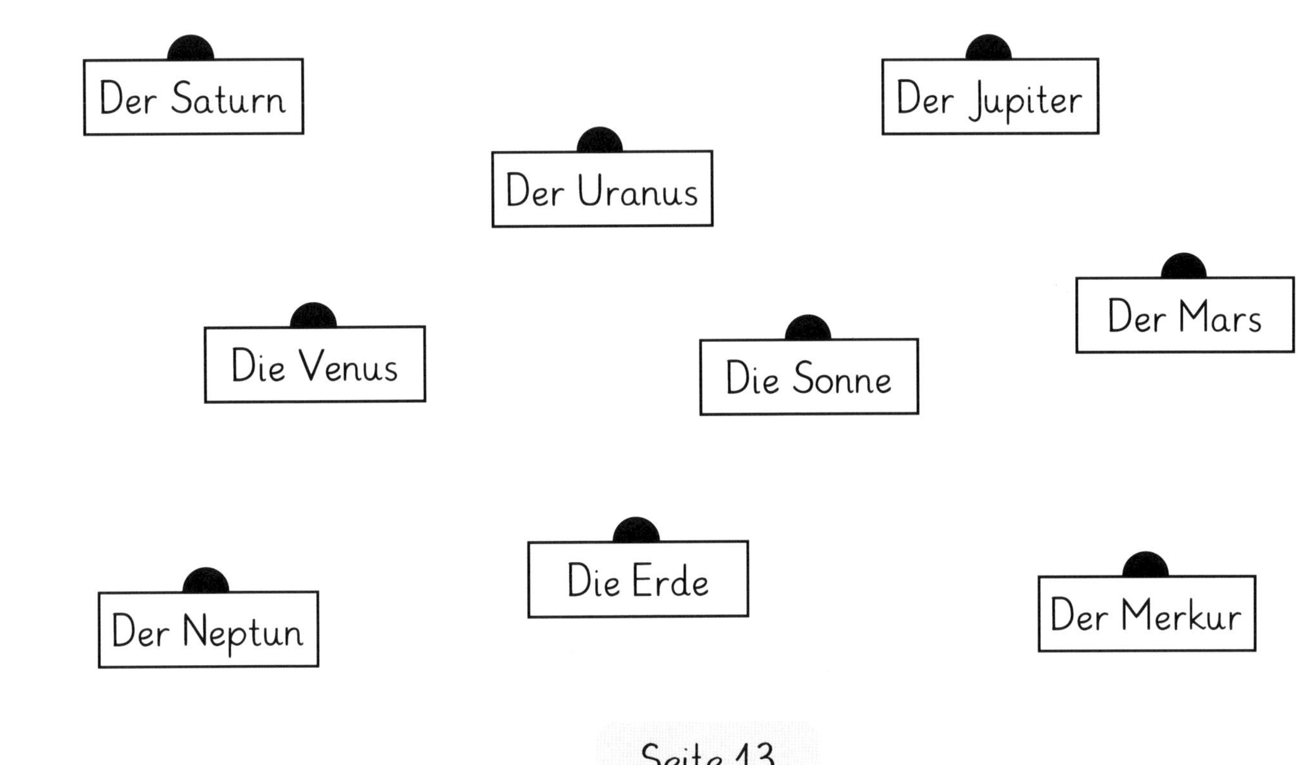

STERNE UND PLANETEN ... aus der Reihe: Inklusion KONKRET – Bestell-Nr. 13 015
KOHL VERLAG

Name: ____________________

Klasse: ____________________

Wie heiß sind unsere Planeten?

Aufgabe: Lies den Text und fülle die Lücken aus.

Manchmal fragt man sich, ob auf anderen Planeten noch andere Menschen leben. Auch ob dort Tiere leben oder Pflanzen wachsen. Das ist aber nicht möglich. Die Temperaturen lassen kein Leben auf einem anderen Planeten zu. Entweder ist es dort viel zu heiß oder viel zu kalt. Wie heiß oder kalt ein Planet ist, hängt davon ab, wie nah er an der Sonne ist. Wichtig ist auch, aus welchen Stoffen und Gasen der Planet besteht. Auch wie das Licht der Sonne auf den Planeten fällt ist entscheidend. Da die Planeten verschiedene Stoffe haben, ist ihre Farbe auch unterschiedlich. Bei dem Metall Eisen, ist der Planet rot. Und bei Erdgas oder Wasser ist er blau. Hat man viel Schwefel, so ist er braun oder gelb. Hier siehst du, welche Planeten nah oder fern der Sonne sind.

Ob ein Planet heiß oder ______________ ist, hängt davon ab, wie nah er an der ______________ ist. Auch ist entscheidend, aus welchen ______________ oder Gasen ein Planet besteht. Die Planeten ______________ aus verschiedenen Stoffen. Diese Stoffe sorgen auch für die ______________ des Planeten. Ein Planet, der aus Eisen besteht, ist ______________. Bei Erdgas oder ______________ ist der Planet ______________.

Wasser - kälter - Stoffen - Sonne - Farbe - rot - blau - bestehen

STERNE UND PLANETEN
... aus der Reihe: Inklusion KONKRET – Bestell-Nr. 13 015
KOHL VERLAG

Name: ______________________________

Klasse: ______________________________

Die Mondphasen

Aufgabe: Schaue dir das Bild an. Erzähle was du siehst.

Erzählanlass:

- Der Mond ist gut zu sehen.
- Manchmal ist er aber auch nur halb zu sehen.
- Ein anderes Mal sieht man ihn gar nicht.
- Der Mond umkreist die Erde.
- Die Erde umkreist die Sonne.
- Der Mond steht manchmal schräg, darum ist er nicht immer voll zu sehen.
- Der Mond wird von der Sonne angeleuchtet.

STERNE UND PLANETEN
... aus der Reihe: Inklusion KONKRET – Bestell-Nr. 13 015
KOHL VERLAG

Name: ______________________________

Klasse: ______________________________

2

Die Mondphasen

Aufgabe: Schneide aus, ordne zu und klebe ein.

Steckbrief: Der Mond

Der Mond ist [ ]

Er läuft um die [ ]

Der Mond besteht aus [ ]

[ ] braucht der Mond, um die Erde zu umkreisen.

Der Mond ist [ ] heiß oder kalt.

Der Mond leuchtet, weil [ ]

✂ +127 bis -173 °C

✂ er von der Sonne angestrahlt wird.

✂ 27 Tage

✂ kein Planet und kein Stern.

✂ Erde.

✂ Gestein und Metallen.

STERNE UND PLANETEN ... aus der Reihe: Inklusion KONKRET – Bestell-Nr. 13 015
KOHL VERLAG

Name: ____________________

Klasse: ____________________

Die Mondphasen

Aufgabe: Lies den Text und fülle die Lücken aus.

Die Erde umkreist die Sonne. Der Mond umkreist die Erde. Bis der Mond die Erde einmal umkreist hat, braucht er ungefähr 27 Tage. Das ist fast ein ganzer Monat. Der Mond ist kein Stern und kein Planet. Er besteht aus Metallen und Gestein. Er steht nie ganz gerade zur Erde. Der Mond wird von der Sonne angestrahlt. Da er nie ganz gerade zur Erde steht und um sie herum wandert, sieht der Mond verschieden aus.

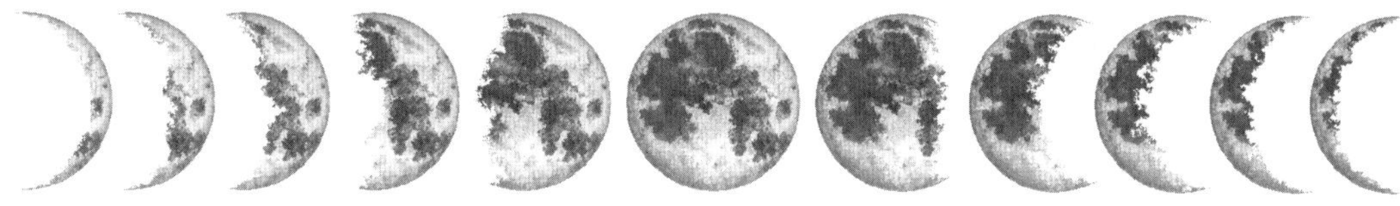

Dies nennt man die **Mondphasen**. Bei Vollmond scheint die Sonne direkt auf den Mond. Er leuchtet dann sehr hell. Wenn der Mond sich hinter der Erde versteckt, dann sehen wir nur noch einen Rand. Diesen Rand nennt man **Sichel**. Somit nimmt der Mond nicht ab oder zu. Er wird halt nur anders von der Sonne beleuchtet. Er bleibt immer rund.

Der Mond umkreist die ____________. Das dauert insgesamt ____________ bis der Mond die Erde umkreist hat. Der Mond ist kein Planet und kein ____________. Er besteht aus ____________ und Gestein. Der Mond wird von der ____________ angestrahlt. Er steht nie ganz ____________ zur Erde. Da er um sie herumwandert, sieht er immer verschieden aus. Dies nennt man ____________. Wenn sich der Mond hinter der Erde versteckt, kann man manchmal nur die ____________ sehen.

Metallen – Erde – Sichel – Stern – Sonne – Mondphasen – gerade – 27 Tage

STERNE UND PLANETEN – Bestell-Nr. 13 015
... aus der Reihe: Inklusion KONKRET
KOHL VERLAG

Name: ______________________________

Klasse: ______________________________

Die Sonne

Aufgabe: Schaue die Bilder an. Lies die Texte durch.

Die Sonne geht unter. Fast golden sieht der Strand aus. Ein tolles Bild. Jetzt wird es kühler. Die Sonne ist bald weg.

Die Sonne im Weltall. Sie ist ein richtiger Ball aus Feuer. Es explodiert auf der Sonne. Die Erde wirkt klein.

STERNE UND PLANETEN

Name: ______________________________

Klasse: ______________________________

Die Sonne

Aufgabe: Lies und verbinde.

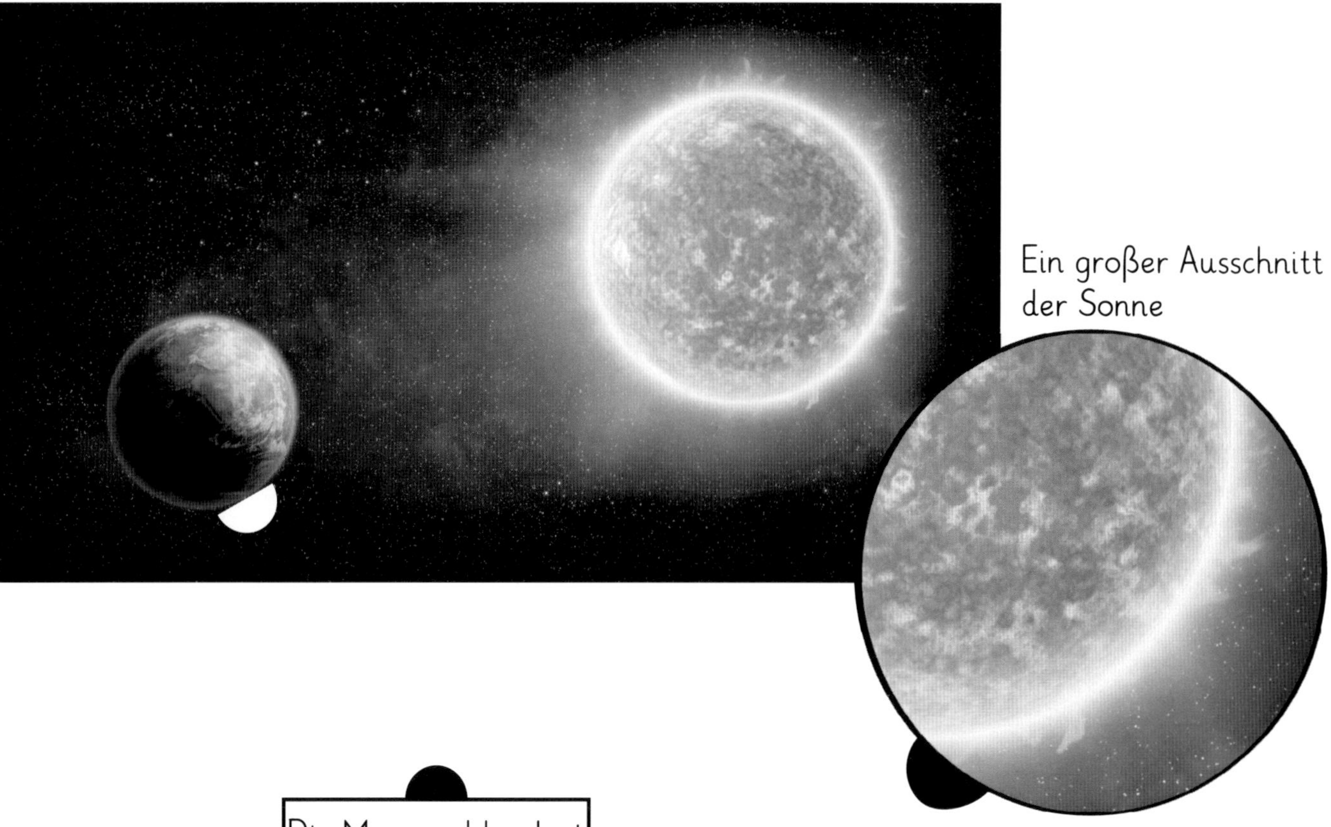

Ein großer Ausschnitt der Sonne

Die Masse schleudert so hoch, wie die Erde groß ist.

Die Erde ist ein Planet.

Auf der Sonne gibt es Explosionen.

Die Sonne ist 5527 °C heiß.

Die Sonne ist ein Stern.

Durch die Explosion schleudert Masse nach oben.

Es gibt wenig Metalle auf der Sonne.

STERNE UND PLANETEN ... aus der Reihe: Inklusion KONKRET – Bestell-Nr. 13 015
KOHL VERLAG

Name: ______________________________

Klasse: ______________________________

Die Sonne

Aufgabe: Lies den Text und fülle die Lücken aus.

Die Sonne ist ganz weit weg von der Erde. Das ist auch gut so. Sie ist nämlich 5527 °C heiß. Da würde man sofort verbrennen, aber die Erde ist genau so weit entfernt, dass wir mit der Hitze der Sonne gut leben können. Viele wissen nicht, dass die Sonne der einzige Stern ist. Die Sonne besteht aus Gas und ganz wenigen Metallen. Wenn man ganz nah an die Sonne gehen würde, sieht man einen richtigen Feuersturm. Im Inneren der Sonne explodiert es. Diese Explosion ist so heftig, dass Teile außen nach oben geschleudert werden. Diese heiße Teile werden so hoch geschleudert, dass die gesamte Erdkugel einmal hindurch könnte. Diese heißen Teile fallen wieder zurück auf die Sonne.

Die Sonne ist weit weg von der ____________________ und 5527 °C ______________. Bei der Entfernung können wir gut auf der Erde __________________. Die Sonne ist der einzige ________________. Sie besteht aus ________________ und ganz wenigen Metallen. Auf der _________________ tobt ein richtiger Feuersturm. Es ____________________ im Inneren der Sonne. Heiße Teile werden außen hochgeschleudert. Sie fallen wieder auf die Sonne zurück.

leben - Erde - Sonne - explodiert - Stern - heiß - Gas

Name: ___________________________

Klasse: ___________________________

(1)

Den Himmel beobachten

Aufgabe: Der Junge beobachtet den Himmel. Male, was er sehen könnte.

STERNE UND PLANETEN
... aus der Reihe: Inklusion KONKRET – Bestell-Nr. 13 015

KOHL VERLAG

Name: ______________________________

Klasse: ______________________________

Den Himmel beobachten

Aufgabe: Male, was der Junge am Himmel beobachten könnte. Lies den Lückentext und klebe ein.

Am [ ] kann man abends und nachts viel beobachten.

Man sieht den [ ] und die [ ] .

Manchmal sieht man eine [ ] . Sie leuchtet ganz hell.

Dann tritt ein [ ] in die Erdatmosphäre ein und verglüht.

Mond

Himmel

Meteorit

Sterne

Sternschnuppe

Name: ______________________________

Klasse: ______________________________

Den Himmel beobachten

Aufgabe: Lies den Text und zeichne ein, was man am Himmel beobachten kann.

Fast schon immer wollten die Menschen wissen, was da oben im Weltall los ist. Sie beobachten den Himmel. Am besten abends. Viele nutzen dazu ein Teleskop. Das ist ein ganz starkes Fernglas. Hiermit kann man gut die Sterne beobachten. Manchmal sieht man auch die Sterne in ganz bestimmten Mustern. Dann nennt man sie Sternbilder. Die Sternbilder haben auch einzelne Namen. Wenn man gut aufpasst, sieht man eine Sternschnuppe. Die Leute sagen, dass man sich dann etwas wünschen sollte. Wenn man mit dem Teleskop den Mond betrachtet, so wirkt er riesig und hell. Vielleicht gelingt es dir dann auch den Auf – und Untergang des Abendsterns Venus zu sehen.

STERNE UND PLANETEN ... aus der Reihe: Inklusion KONKRET – Bestell-Nr. 13 015
KOHL VERLAG

Name: ______________________________

Klasse: ______________________________

1

Tag und Nacht

Aufgabe: Schaue dir das Bild genau an und erzähle, was du siehst.

Erzählanlass:

- Es ist der Wechsel zwischen Tag und Nacht zu sehen.
- Bei beiden Phasen sind Wolken am Himmel.
- Die Sonne beleuchtet den Mond.
- Nachts sieht man Sterne am Himmel.
- Die Sonne leuchtet sehr hell und färbt abends den Himmel rötlich.
- Abends sieht man manchmal Mond und Sonne gleichzeitig am Himmel.

STERNE UND PLANETEN

Name: ______________________________

Klasse: ______________________________

Tag und Nacht

Aufgabe: Schneide aus, lies den Text und klebe auf.

	Es wird hell. Die Sonne geht langsam auf. Es wird Tag.
	Die Sonne steht hoch oben. Es ist Mittag. Sie strahlt sehr hell.
	Der Tag geht zu Ende. Die Sonne geht unter. Der Himmel wird orange.
	Es ist Nacht. Der Mond steht oben am Himmel. Die Sterne leuchten.

STERNE UND PLANETEN
... aus der Reihe: Inklusion KONKRET – Bestell-Nr. 13 015
KOHL VERLAG

Name: ______________________________

Klasse: ______________________________

Tag und Nacht

Aufgabe: Lies den Text und fülle die Lücken aus. Schneide die Bilder aus, klebe sie in dein Heft und schreibe etwas zu jedem Bild.

Wenn du dir das Bild genau betrachtest, siehst du den Tagesablauf. Die Sonne geht auf, steht am Mittag hoch und hell am Himmel und geht abends unter. Jetzt muss man aber wissen, dass die Sonne selber nicht wandert. Sie bleibt immer an der gleichen Stelle. Deshalb nennt man sie **Fixstern**. Demnach wandert die Erde. Sie umkreist die Sonne. Da sich die Erde auch noch dreht, ist immer eine Seite von der Sonne beleuchtet. Diese Seite der Erde hat dann Tag. Die andere Seite liegt im Dunkeln. Dort ist es Nacht. Also die Erde wandert und dreht sich dabei. Dadurch entstehen Tag und Nacht.

Die ______________ wandert und dreht sich um die ____________________. Auf der Seite der Erde, die von der Sonne ____________________ wird, ist es ______________. Auf der Seite der Erde, die nicht von der Sonne beleuchtet wird, ist es ______________. Die Sonne selbst ________________ nicht. Sie bleibt immer an der selben Stelle. Darum nennt man sie ____________________.

Tag - Erde - Fixstern - beleuchtet - wandert - Nacht - Sonne

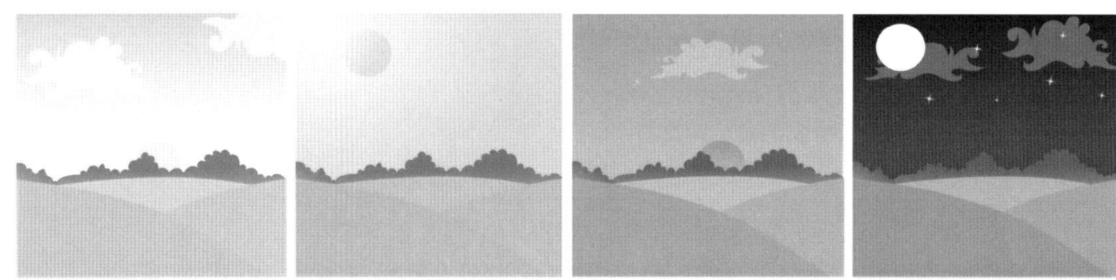

Name: ______________________________

Klasse: ______________________________

Die Milchstraße

Aufgabe: Schaue dir die beiden Bilder an. Was hat die Milchstraße im Weltall mit der Milchstraße, wie du dir sie vorstellen könntest gemeinsam. Rate mal, warum die Milchstraße im Weltall so heißt.

So könntest du dir die Milchstraße vorstellen

Die Milchstraße im Weltall

STERNE UND PLANETEN
... aus der Reihe: Inklusion KONKRET – Bestell-Nr. 13 015
KOHL VERLAG

Name: ____________________

Klasse: ____________________

Die Milchstraße

Aufgabe: Lies und kreuze an, ob das Gesagte richtig oder falsch ist.

Aussage	richtig	falsch
Die Milchstraße ist auf der Erde. Sie besteht aus Milch.		
Die Milchstraße ist im Weltall. Es sind kleine Sterne.		
Die kleinen Sterne leuchten zusammen sehr hell wie Milch.		
Die Milch in der Milchstraße kann man trinken.		

Name: ______________________________

Klasse: ______________________________

Die Milchstraße

Aufgabe: Lies den Text und fülle die Lücken aus.

So eine Straße, die nur aus Milch besteht, wäre eigentlich gar nicht so schlecht. Aber da die Milch von der Kuh stammt, wird es sowas nicht geben. Es gibt aber eine Milchstraße. Mitten im Weltall. Diese besteht natürlich auch nicht aus Milch, aber sie ist so hell wie Milch. Daher hat sie ihren Namen. Sie besteht aus vielen kleinen Sternen. Diese kann man mit dem normalen Auge gar nicht erkennen. Wenn sich diese Sterne nun zusammentun, sehen sie aus wie eine lange Kordel. Und diese leuchtet hell. Diese „Sternenkordel" nennt man Milchstraße. Wenn du dir das Bild ganz genau ansiehst, erkennst du, wo die meisten kleinen Sterne zusammenkommen. Dort ist es am hellsten.

Eine wirkliche Straße aus Milch gibt es nicht. Das wäre auch zu schön. Die Milch kommt von der ____________________. Aber im ____________________ gibt es eine Milchstraße. Diese besteht nicht aus ______________. Sie besteht aus kleinen ____________________, die man kaum erkennt. Wenn sich diese Sterne aber ____________________________, so leuchten sie hell wie Milch. Sie bilden eine Art Kordel. Diese Kordel aus Sternen nennt man dann ________________________.

Sternen – Weltall – zusammentun – Kuh – Milchstraße – Milch

STERNE UND PLANETEN – Bestell-Nr. 13 015
... aus der Reihe: Inklusion KONKRET
KOHL VERLAG

Name: ______________________

Klasse: ______________________

Kann man auf dem Mars leben?

Aufgabe: Betrachte das Bild und entscheide, ob es „Marsmenschen" gibt. Wenn ja, wie könnten diese aussehen? So wie hier auf dem Bild? Zeichne gerne dein eigenes Bild.

Name: ______________________________

Klasse: ______________________________

2

Kann man auf dem Mars leben?

Aufgabe: Lies, schneide aus und klebe an der richtigen Stelle ein.

Auf dem Mars können keine [ ] leben. Das meiste Gas auf dem Mars ist [ ]

Wasser gibt es nur als [ ] Sauerstoff zum Atmen kommt [ ]

Eine [ ] fand man bisher nicht auf dem Mars. Viele Menschen wollen aber trotzdem [ ] Sie überlegen, ob man nicht [ ] mit Sauerstoff dort leben kann. Den aber immer anzuziehen dauert sehr lange.

✂ Menschen

✂ Eis und Wasserdampf.

✂ auf dem Mars leben.

✂ Form von Leben

✂ verbrauchte Luft.

✂ in einem Raumanzug

✂ sehr wenig vor.

STERNE UND PLANETEN
... aus der Reihe: Inklusion KONKRET – Bestell-Nr. 13 015
KOHL VERLAG

Name: ______________________________

Klasse: ______________________________

③

Kann man auf dem Mars leben?

Aufgabe: Lies den Text und fülle die Lücken aus.

Viele stellen sich Außerirdische vor, die auf dem Mars leben. Doch, gibt es solche Marsmenschen? Kann man auf dem Mars leben? Da man selber nicht direkt auf den Mars konnte, hat man einen Roboter hingeschickt. Dieser kam dann zurück und brachte wichtige Informationen mit. Auf dem Mars gibt es Gase, aber das meiste Gas ist das, was wir ausatmen. Somit würden Menschen und Tiere auf dem Mars ersticken. Wasser kommt nur in Form von Eis und Wasserdampf vor. Es ist also entweder sehr heiß oder sehr kalt. Keine Temperatur, wo sich der Mensch wohlfühlen würde. Irgendeine Form von Leben fand man auf dem Mars nicht. Nur das Gestein ist dem auf unserer Erde sehr ähnlich.

Auf dem ______________ kann man nicht leben. Um das zu wissen, hat man einen ______________ auf den Mars geschickt. Dieser hat festgestellt, dass es ______________ gibt. Aber das meiste Gas ist das, was wir ausatmen. Somit würden wir auf dem Mars ______________. Wasser kommt nur als __________ und Wasserdampf vor. Das liegt an den extremen Temperaturen. Sehr heiß oder sehr ______________. Eine Form von ______________ hat der Roboter auf dem Mars nicht gefunden. Man hat nur festgestellt, dass das ________________, dem der Erde sehr ähnlich ist.

Gestein – Roboter – ersticken – kalt – Gase – Eis – Leben – Mars

KOHL VERLAG Lernen mit Erfolg
STERNE UND PLANETEN
aus der Reihe: Inklusion KONKRET – Bestell-Nr. 12 015